LA RAISON DU PLUS FORT

D'autres classiques
à redécouvrir en Librio

Un pour tous, tous pour un !, Librio n° 1202
La Belle et la Bête, Librio n° 1090
La Farce de maître Pathelin, Librio n° 580
Aladdin ou la Lampe merveilleuse, Librio n° 191
La Genèse, Librio n° 90

LA FONTAINE

La Raison du plus fort

Fables choisies

Librio

INÉDIT

SOMMAIRE

Les mots suivis d'un astérisque sont expliqués dans le lexique à la fin du livre.

FABLES CHOISIES

LA CIGALE ET LA FOURMI

La Cigale ayant chanté
Tout l'Été,
Se trouva fort dépourvue
Quand la bise fut venue.
Pas un seul petit morceau
De mouche ou de vermisseau.
Elle alla crier famine
Chez la Fourmi sa voisine,
La priant de lui prêter
Quelque grain pour subsister
Jusqu'à la saison nouvelle.
Je vous paierai, lui dit-elle,
Avant l'Oût, foi d'animal,
Intérêt et principal.
La Fourmi n'est pas prêteuse :
C'est là son moindre défaut.
« Que faisiez-vous au temps chaud?
Dit-elle à cette emprunteuse.
— Nuit et jour à tout venant
Je chantais, ne vous déplaise.
— Vous chantiez? J'en suis fort aise.
Eh bien! dansez maintenant. »

Livre I, 1

LE CORBEAU ET LE RENARD

Maître Corbeau, sur un arbre perché,
Tenait en son bec un fromage.
Maître Renard, par l'odeur alléché,
Lui tint à peu près ce langage :
Hé bonjour, Monsieur du Corbeau.
Que vous êtes joli ! que vous me semblez beau !
Sans mentir, si votre ramage
Se rapporte à votre plumage,
Vous êtes le Phénix* des hôtes de ces bois.
À ces mots, le Corbeau ne se sent pas de joie :
Et pour montrer sa belle voix,
Il ouvre un large bec, laisse tomber sa proie.
Le Renard s'en saisit, et dit : Mon bon Monsieur,
Apprenez que tout flatteur
Vit aux dépens de celui qui l'écoute.
Cette leçon vaut bien un fromage, sans doute.
Le Corbeau honteux et confus
Jura, mais un peu tard, qu'on ne l'y prendrait plus.

Livre I, 2

LE RENARD ET LE BOUC

Capitaine Renard allait de compagnie
Avec son ami Bouc des plus haut encornés.
Celui-ci ne voyait pas plus loin que son nez;
L'autre était passé maître en fait de tromperie.
La soif les obligea de descendre en un puits.
Là chacun d'eux se désaltère.
Après qu'abondamment tous deux en eurent pris,
Le Renard dit au Bouc : Que ferons-nous, compère?
Ce n'est pas tout de boire, il faut sortir d'ici.
Lève tes pieds en haut, et tes cornes aussi :
Mets-les contre le mur. Le long de ton échine
Je grimperai premièrement :
Puis sur tes cornes m'élevant,
À l'aide de cette machine,
De ce lieu-ci je sortirai,
Après quoi je t'en tirerai.
— Par ma barbe, dit l'autre, il est bon; et je loue
Les gens bien sensés comme toi.
Je n'aurais jamais, quant à moi,
Trouvé ce secret, je l'avoue.
Le Renard sort du puits, laisse son compagnon,
Et vous lui fait un beau sermon
Pour l'exhorter à patience.
Si le Ciel t'eût, dit-il, donné par excellence

Autant de jugement que de barbe au menton,
Tu n'aurais pas, à la légère,
Descendu dans ce puits. Or, adieu, j'en suis hors.
Tâche de t'en tirer, et fais tous tes efforts ;
Car pour moi, j'ai certaine affaire,
Qui ne me permet pas d'arrêter en chemin.
En toute chose il faut considérer la fin.

Livre III, 5

LE LOUP ET L'AGNEAU

La raison du plus fort est toujours la meilleure :
Nous l'allons montrer tout à l'heure.
Un Agneau se désaltérait
Dans le courant d'une onde pure.
Un Loup survient à jeun qui cherchait aventure,
Et que la faim en ces lieux attirait.
Qui te rend si hardi de troubler mon breuvage ?
Dit cet animal plein de rage :
Tu seras châtié de ta témérité.
— Sire, répond l'Agneau, que votre Majesté
Ne se mette pas en colère ;
Mais plutôt qu'elle considère
Que je me vas désaltérant
Dans le courant,
Plus de vingt pas au-dessous d'Elle,
Et que par conséquent, en aucune façon,
Je ne puis troubler sa boisson.
— Tu la troubles, reprit cette bête cruelle,
Et je sais que de moi tu médis l'an passé.
— Comment l'aurais-je fait si je n'étais pas né ?
Reprit l'Agneau, je tète encore ma mère.
— Si ce n'est toi, c'est donc ton frère.
— Je n'en ai point. — C'est donc quelqu'un des tiens :
Car vous ne m'épargnez guère,

Vous, vos bergers, et vos chiens.
On me l'a dit : il faut que je me venge.
Là-dessus, au fond des forêts
Le Loup l'emporte, et puis le mange,
Sans autre forme de procès.

Livre I, 10

LES LOUPS ET LES BREBIS

Après mille ans et plus de guerre déclarée,
Les Loups firent la paix avecque les Brebis.
C'était apparemment le bien des deux partis :
Car si les Loups mangeaient mainte bête égarée,
Les Bergers de leur peau se faisaient maints habits.
Jamais de liberté, ni pour les pâturages,
Ni d'autre part pour les carnages.
Ils ne pouvaient jouir qu'en tremblant de leurs biens.
La paix se conclut donc ; on donne des otages ;
Les Loups leurs Louveteaux, et les Brebis leurs Chiens.
L'échange en étant fait aux formes ordinaires,
Et réglé par des Commissaires,
Au bout de quelque temps que Messieurs les Louvats
Se virent Loups parfaits et friands de tuerie,
Ils vous prennent le temps que dans la Bergerie
Messieurs les Bergers n'étaient pas,
Étranglent la moitié des Agneaux les plus gras,
Les emportent aux dents, dans les bois se retirent.
Ils avaient averti leurs gens secrètement.
Les Chiens, qui, sur leur foi, reposaient sûrement,
Furent étranglés en dormant :
Cela fut sitôt fait qu'à peine ils le sentirent.
Tout fut mis en morceaux ; un seul n'en échappa.
Nous pouvons conclure de là

Qu'il faut faire aux méchants guerre continuelle.
La paix est fort bonne de soi,
J'en conviens ; mais de quoi sert-elle
Avec des ennemis sans foi ?

Livre III, 13

LE LOUP, LA CHÈVRE ET LE CHEVREAU – LE LOUP, LA MÈRE ET L'ENFANT

La Bique allant remplir sa traînante mamelle
Et paître l'herbe nouvelle,
Ferma sa porte au loquet,
Non sans dire à son Biquet :
Gardez-vous sur votre vie
D'ouvrir que l'on ne vous die
Pour enseigne et mot du guet,
Foin du Loup et de sa race !
Comme elle disait ces mots,
Le Loup de fortune passe ;
Il les recueille à propos,
Et les garde en sa mémoire,
La Bique, comme on peut croire,
N'avait pas vu le glouton.
Dès qu'il la voit partie, il contrefait son ton,
Et d'une voix papelarde
Il demande qu'on ouvre, en disant Foin du Loup,
Et croyant entrer tout d'un coup.
Le Biquet soupçonneux par la fente regarde.
Montrez-moi patte blanche, ou je n'ouvrirai point,
S'écria-t-il d'abord. (Patte blanche est un point
Chez les Loups, comme on sait, rarement en usage.)
Celui-ci, fort surpris d'entendre ce langage,
Comme il était venu s'en retourna chez soi.

Où serait le Biquet s'il eût ajouté foi
Au mot du guet, que de fortune
Notre Loup avait entendu ?
Deux sûretés valent mieux qu'une :
Et le trop en cela ne fut jamais perdu.

Ce Loup me remet en mémoire
Un de ses compagnons qui fut encor mieux pris.
Il y périt ; voici l'histoire.
Un Villageois avait à l'écart son logis.
Messer Loup attendait chape-chute à la porte.
Il avait vu sortir gibier de toute sorte :
Veaux de lait, Agneaux et Brebis,
Régiments de Dindons, enfin bonne Provende.
Le larron commençait pourtant à s'ennuyer.
Il entend un enfant crier.
La mère aussitôt le gourmande,
Le menace, s'il ne se tait,
De le donner au Loup. L'Animal se tient prêt,
Remerciant les Dieux d'une telle aventure.
Quand la Mère, apaisant sa chère géniture,
Lui dit : Ne criez point ; s'il vient, nous le tuerons.
Qu'est ceci ? s'écria le mangeur de Moutons.
Dire d'un, puis d'un autre ? Est-ce ainsi que l'on traite
Les gens faits comme moi ? me prend-on pour un sot ?
Que quelque jour ce beau marmot
Vienne au bois cueillir la noisette !
Comme il disait ces mots, on sort de la maison :
Un chien de cour l'arrête. Épieux et fourches-fières

L'ajustent de toutes manières.
Que veniez-vous chercher en ce lieu, lui dit-on ?
Aussitôt il conta l'affaire.
Merci de moi, lui dit la Mère,
Tu mangeras mon Fils ! L'ai-je fait à dessein
Qu'il assouvisse un jour ta faim ?
On assomma la pauvre bête.
Un manant lui coupa le pied droit et la tête :
Le Seigneur du Village à sa porte les mit,
Et ce dicton picard à l'entour fut écrit :
Biaux chires Leups, n'écoutez mie
Mère tenchent chen fieux qui crie.

Livre IV, 15-16

CONSEIL TENU PAR LES RATS

Un Chat, nommé Rodilardus
Faisait de Rats telle déconfiture*
Que l'on n'en voyait presque plus,
Tant il en avait mis dedans la sépulture.
Le peu qu'il en restait, n'osant quitter son trou,
Ne trouvait à manger que le quart de son sou ;
Et Rodilard passait, chez la gent* misérable,
Non pour un Chat, mais pour un Diable.
Or un jour qu'au haut et au loin
Le Galand* alla chercher femme,
Pendant tout le sabbat* qu'il fit avec sa dame,
Le demeurant des Rats tint chapitre* en un coin
Sur la nécessité présente.
Dès l'abord leur Doyen, personne fort prudente,
Opina qu'il fallait, et plus tôt que plus tard,
Attacher un grelot au cou de Rodilard ;
Qu'ainsi quand il irait en guerre,
De sa marche avertis, il s'enfuiraient sous terre ;
Qu'il n'y savait que ce moyen.
Chacun fut de l'avis de Monsieur le Doyen.
Chose ne leur parut à tous plus salutaire.
La difficulté fut d'attacher le grelot.
L'un dit : Je n'y vas point, je ne suis pas si sot ;
L'autre : Je ne saurais. Si bien que sans rien faire
On se quitta. J'ai maints Chapitres vus,
Qui pour néant se sont ainsi tenus :

Chapitres non de Rats, mais Chapitres de Moines,
Voire Chapitres de Chanoines.

Ne faut-il que délibérer,
La Cour en Conseillers foisonne ;
Est-il besoin d'exécuter,
L'on ne rencontre plus personne.

Livre II, 2

LE CHAT ET UN VIEUX RAT

J'ai lu chez un conteur de Fables,
Qu'un second Rodilard, l'Alexandre des Chats,
L'Attila, le fléau des Rats,
Rendait ces derniers misérables :
J'ai lu, dis-je, en certain Auteur,
Que ce Chat exterminateur,
Vrai Cerbère, était craint une lieue à la ronde :
Il voulait de Souris dépeupler tout le monde.
Les planches qu'on suspend sur un léger appui,
La mort aux Rats, les Souricières,
N'étaient que jeux au prix de lui.
Comme il voit que dans leurs tanières
Les Souris étaient prisonnières,
Qu'elles n'osaient sortir, qu'il avait beau chercher,
Le galand fait le mort, et du haut d'un plancher
Se pend la tête en bas. La bête scélérate
À de certains cordons se tenait par la patte.
Le peuple des Souris croit que c'est châtiment,
Qu'il a fait un larcin* de rôt* ou de fromage,
Égratigné quelqu'un, causé quelque dommage,
Enfin qu'on a pendu le mauvais garnement.
Toutes, dis-je, unanimement
Se promettent de rire à son enterrement,
Mettent le nez à l'air, montrent un peu la tête,
Puis rentrent dans leurs nids à rats,
Puis, ressortant, font quatre pas,

Puis enfin se mettent en quête.
Mais voici bien une autre fête :
Le pendu ressuscite, et sur ses pieds tombant,
Attrape les plus paresseuses.
Nous en savons plus d'un, dit-il en les gobant :
C'est tour de vieille guerre, et vos cavernes creuses
Ne vous sauveront pas, je vous en avertis;
Vous viendrez toutes au logis.
Il prophétisait vrai : notre maître Mitis*
Pour la seconde fois les trompe et les affine*,
Blanchit sa robe et s'enfarine,
Et de la sorte déguisé,
Se niche et se blottit dans une huche ouverte.
Ce fut à lui bien avisé :
La gent trotte-menu s'en vient chercher sa perte.
Un Rat sans plus s'abstient d'aller flairer autour :
C'était un vieux routier* : il savait plus d'un tour;
Même il avait perdu sa queue à la bataille.
Ce bloc enfariné ne me dit rien qui vaille,
S'écria-t-il de loin au Général des Chats.
Je soupçonne dessous encor quelque machine*.
Rien ne te sert d'être farine;
Car quand tu serais sac, je n'approcherais pas.
C'était bien dit à lui; j'approuve sa prudence :
Il était expérimenté,
Et savait que la méfiance
Est mère de la sûreté.

Livre III, 18

L'ÂNE ET LE PETIT CHIEN

Ne forçons point notre talent,
Nous ne ferions rien avec grâce :
Jamais un lourdaud, quoi qu'il fasse,
Ne saurait passer pour galant.
Peu de gens que le Ciel chérit et gratifie
Ont le don d'agréer infus avec la vie*.
C'est un point qu'il leur faut laisser,
Et ne pas ressembler à l'Âne de la Fable,
Qui pour se rendre plus aimable
Et plus cher à son Maître, alla le caresser.
Comment! disait-il en son âme,
Ce Chien, parce qu'il est mignon,
Vivra de pair à compagnon*
Avec Monsieur, avec Madame,
Et j'aurai des coups de bâton?
Que fait-il? Il donne la patte;
Puis aussitôt il est baisé :
S'il en faut faire autant afin que l'on me flatte,
Cela n'est pas bien malaisé.
Dans cette admirable pensée,
Voyant son Maître en joie, il s'en vient lourdement,
Lève une corne toute usée,
La lui porte au menton fort amoureusement,
Non sans accompagner pour plus grand ornement
De son chant gracieux cette action hardie.
Oh! oh! quelle caresse, et quelle mélodie!

Dit le Maître aussitôt. Holà, Martin* bâton!
Martin bâton accourt; l'Âne change de ton.
Ainsi finit la Comédie.

Livre IV, 5

L'ÂNE VÊTU DE LA PEAU DU LION

De la peau du Lion l'Âne s'étant vêtu
Était craint partout à la ronde,
Et bien qu'animal sans vertu*,
Il faisait trembler tout le monde.
Un petit bout d'oreille échappé par malheur
Découvrit la fourbe et l'erreur.
Martin fit alors son office.
Ceux qui ne savaient pas la ruse et la malice
S'étonnaient de voir que Martin
Chassât les Lions au moulin.

Force gens font du bruit en France,
Par qui cet Apologue est rendu familier.
Un équipage cavalier
Fait les trois quarts de leur vaillance.

Livre V, 21

LE PETIT POISSON ET LE PÊCHEUR

Petit poisson deviendra grand,
Pourvu que Dieu lui prête vie.
Mais le lâcher en attendant,
Je tiens pour moi que c'est folie ;
Car de le rattraper il n'est pas trop certain.
Un Carpeau qui n'était encore que fretin*
Fut pris par un Pêcheur au bord d'une rivière.
Tout fait nombre, dit l'homme en voyant son butin ;
Voilà commencement de chère et de festin :
Mettons-le en notre gibecière.
Le pauvre Carpillon lui dit en sa manière :
Que ferez-vous de moi ? je ne saurais fournir
Au plus qu'une demi-bouchée ;
Laissez-moi Carpe devenir :
Je serai par vous repêchée.
Quelque gros Partisan m'achètera bien cher,
Au lieu qu'il vous en faut chercher
Peut-être encor cent de ma taille
Pour faire un plat. Quel plat ? croyez-moi ; rien qui vaille.
— Rien qui vaille ? Eh bien soit, repartit le Pêcheur ;
Poisson, mon bel ami, qui faites le Prêcheur,
Vous irez dans la poêle ; et vous avez beau dire,
Dès ce soir on vous fera frire.

Un tien vaut, ce dit-on, mieux que deux tu l'auras :
L'un est sûr, l'autre ne l'est pas.

Livre V, 3

L'OURS ET LES DEUX COMPAGNONS

Deux Compagnons pressés d'argent
À leur voisin Fourreur vendirent
La peau d'un Ours encor vivant,
Mais qu'ils tueraient bientôt, du moins à ce qu'ils dirent.
C'était le Roi des Ours au compte de ces gens.
Le Marchand à sa peau devait faire fortune.
Elle garantirait des froids les plus cuisants,
On en pourrait fourrer plutôt deux robes qu'une.
Dindenaut* prisait moins ses Moutons qu'eux leur Ours :
Leur, à leur compte, et non à celui de la Bête.
S'offrant de la livrer au plus tard dans deux jours,
Ils conviennent de prix, et se mettent en quête,
Trouvent l'Ours qui s'avance, et vient vers eux au trot ;
Voilà mes gens frappés comme d'un coup de foudre.
Le marché ne tint pas ; il fallut le résoudre :
D'intérêts contre l'Ours, on n'en dit pas un mot.
L'un des deux Compagnons grimpe au faîte d'un arbre ;
L'autre, plus froid que n'est un marbre,
Se couche sur le nez, fait le mort, tient son vent,
Ayant quelque part ouï dire
Que l'Ours s'acharne peu souvent
Sur un corps qui ne vit, ne meut, ni ne respire.
Seigneur Ours, comme un sot, donna dans ce panneau.
Il voit ce corps gisant, le croit privé de vie,

Et de peur de supercherie
Le tourne, le retourne, approche son museau,
Flaire aux passages de l'haleine.
C'est, dit-il, un cadavre ; Ôtons-nous, car il sent.
À ces mots, l'Ours s'en va dans la forêt prochaine.
L'un de nos deux Marchands de son arbre descend,
Court à son compagnon, lui dit que c'est merveille,
Qu'il n'ait eu seulement que la peur pour tout mal.
Eh bien, ajouta-t-il, la peau de l'animal ?
Mais que t'a-t-il dit à l'oreille ?
Car il s'approchait de bien près,
Te retournant avec sa serre.
— Il m'a dit qu'il ne faut jamais
Vendre la peau de l'Ours qu'on ne l'ait mis par terre.

Livre V, 20

LE LION AMOUREUX

À Mademoiselle de Sévigné.

Sévigné, de qui les attraits
Servent aux grâces de modèle,
Et qui naquîtes toute belle,
À votre indifférence près,
Pourriez-vous être favorable
Aux jeux innocents d'une Fable,
Et voir, sans vous épouvanter
Un Lion qu'amour sut dompter?
Amour est un étrange maître.
Heureux qui peut ne le connaître
Que par récit, lui ni ses coups!
Quand on en parle devant vous,
Si la vérité vous offense,
La Fable au moins se peut souffrir :
Celle-ci prend bien l'assurance
De venir à vos pieds s'offrir,
Par zèle et par reconnaissance.

Du temps que les bêtes parlaient,
Les Lions, entre autres, voulaient
Être admis dans notre alliance.
Pourquoi non? puisque leur engeance
Valait la nôtre en ce temps-là,
Ayant courage, intelligence,

Et belle hure outre cela.
Voici comment il en alla.
Un Lion de haut parentage
En passant par un certain pré,
Rencontra Bergère à son gré :
Il la demande en mariage.
Le père aurait fort souhaité
Quelque gendre un peu moins terrible.
La donner lui semblait bien dur;
La refuser n'était pas sûr;
Même un refus eût fait possible
Qu'on eût vu quelque beau matin
Un mariage clandestin.
Car outre qu'en toute manière
La belle était pour les gens fiers,
Fille se coiffe volontiers
D'amoureux à longue crinière.
Le Père donc ouvertement
N'osant renvoyer notre amant,
Lui dit : Ma fille est délicate;
Vos griffes la pourront blesser
Quand vous voudrez la caresser.
Permettez donc qu'à chaque patte
On vous les rogne, et pour les dents,
Qu'on vous les lime en même temps.
Vos baisers en seront moins rudes,
Et pour vous plus délicieux;
Car ma fille y répondra mieux,
Étant sans ces inquiétudes.

Le Lion consent à cela,
Tant son âme était aveuglée !
Sans dents ni griffes le voilà,
Comme place démantelée.
On lâcha sur lui quelques chiens :
Il fit fort peu de résistance.
Amour, amour, quand tu nous tiens
On peut bien dire : Adieu prudence.

Livre IV, 1

LE LABOUREUR ET SES ENFANTS

Travaillez, prenez de la peine :
C'est le fonds qui manque le moins.
Un riche Laboureur, sentant sa mort prochaine,
Fit venir ses enfants, leur parla sans témoins.
Gardez-vous, leur dit-il, de vendre l'héritage
Que nous ont laissé nos parents.
Un trésor est caché dedans.
Je ne sais pas l'endroit; mais un peu de courage
Vous le fera trouver, vous en viendrez à bout.
Remuez votre champ dès qu'on aura fait l'Oût.
Creusez, fouillez, bêchez; ne laissez nulle place
Où la main ne passe et repasse.
Le père mort, les fils vous retournent le champ
Deçà, delà, partout; si bien qu'au bout de l'an
Il en rapporta davantage.
D'argent, point de caché. Mais le père fut sage
De leur montrer avant sa mort,
Que le travail est un trésor.

Livre V, 9

LES ANIMAUX MALADES DE LA PESTE

Un mal qui répand la terreur,
Mal que le Ciel en sa fureur
Inventa pour punir les crimes de la terre,
La Peste (puisqu'il faut l'appeler par son nom)
Capable d'enrichir en un jour l'Achéron*,
Faisait aux animaux la guerre.
Ils ne mouraient pas tous, mais tous étaient frappés :
On n'en voyait point d'occupé
À chercher le soutien d'une mourante vie;
Nul mets n'excitait leur envie;
Ni Loups ni Renards n'épiaient
La douce et l'innocente proie.
Les Tourterelles se fuyaient :
Plus d'amour, partant plus de joie.
Le Lion tint conseil, et dit : Mes chers amis,
Je crois que le Ciel a permis
Pour nos péchés cette infortune;
Que le plus coupable de nous
Se sacrifie aux traits du céleste courroux,
Peut-être il obtiendra la guérison commune.
L'histoire nous apprend qu'en de tels accidents
On fait de pareils dévouements.
Ne nous flattons donc point; voyons sans indulgence
L'état de notre conscience.

Pour moi, satisfaisant mes appétits gloutons
J'ai dévoré force moutons.
Que m'avaient-ils fait ? Nulle offense :
Même il m'est arrivé quelquefois de manger
Le Berger.
Je me dévouerai donc, s'il le faut ; mais je pense
Qu'il est bon que chacun s'accuse ainsi que moi :
Car on doit souhaiter selon toute justice
Que le plus coupable périsse.
— Sire, dit le Renard, vous êtes trop bon Roi ;
Vos scrupules font voir trop de délicatesse ;
Eh bien, manger moutons, canaille, sotte espèce,
Est-ce un péché ? Non, non. Vous leur fîtes Seigneur
En les croquant beaucoup d'honneur.
Et quant au Berger l'on peut dire
Qu'il était digne de tous maux,
Étant de ces gens-là qui sur les animaux
Se font un chimérique empire.
Ainsi dit le Renard, et flatteurs d'applaudir.
On n'osa trop approfondir
Du Tigre, ni de l'Ours, ni des autres puissances,
Les moins pardonnables offenses.
Tous les gens querelleurs, jusqu'aux simples mâtins,
Au dire de chacun, étaient de petits saints.
L'Âne vint à son tour et dit : J'ai souvenance
Qu'en un pré de Moines passant,
La faim, l'occasion, l'herbe tendre, et je pense
Quelque diable aussi me poussant,
Je tondis de ce pré la largeur de ma langue.

Je n'en avais nul droit, puisqu'il faut parler net.
À ces mots on cria haro sur le baudet.
Un Loup quelque peu clerc prouva par sa harangue
Qu'il fallait dévouer ce maudit animal,
Ce pelé, ce galeux, d'où venait tout leur mal.
Sa peccadille fut jugée un cas pendable.
Manger l'herbe d'autrui ! quel crime abominable !
Rien que la mort n'était capable
D'expier son forfait : on le lui fit bien voir.
Selon que vous serez puissant ou misérable,
Les jugements de cour vous rendront blanc ou noir.

Livre VII, 1

DOSSIER
LIBRIO+

Des pages en + pour s'approprier le texte,
le comprendre sans notes, et s'exercer !

Fiche élève 1 : Apprendre à lire une fable

« Le Renard et le Bouc » (p. 12)

1. Une fable, qu'est-ce que c'est ?

a. Le mot « fable » vient du latin *fabula* qui signifie « récit, conte », qui vient lui-même du verbe *fari* : « parler ». Connaissez-vous le sens des mots « fabuliste », « fabuler » et « fabuleux » ?

b. Reliez chacun à la catégorie grammaticale qui lui correspond, puis écrivez une définition qui contient le mot approprié.

Fabuliste •	• Verbe •	• .... merveilleux, imaginaire
Fabuler •	• Nom •	• qui invente ....
Fabuleux •	• Adjectif •	• .... des mensonges

2. Comprendre le fonctionnement d'une fable : « Le Renard et le Bouc » (p. 12)

a. Écoutez votre professeur lire à haute voix cette fable. Que remarquez-vous, notamment dans la manière dont il/elle prononce les [e] (v.1, 10 ou 27), et le [i] (v.23) ? Et les [e] à la fin des vers ? Comment ce texte se présente-t-il sur la page ? À quel genre appartient-il ? Soulignez d'une même couleur les rimes, c'est-à-dire les sons identiques à la fin des vers. Notez-vous des variations ?

b. Lire sans notes. Que signifie « encornés » (v. 2) ? En général, que signifie « avoir des cornes » ou « porter des cornes » ? Déduisez-en une caractéristique physique et une caractéristique morale du Bouc. Proposez un synonyme du verbe « se désaltère » (v. 6) et un autre de l'adjectif « sensés » (v. 18).

Connaissez-vous le sens du mot « sermon » (v.22) et du verbe « exhorter » (v.23) ? En général, le personnage qui prononce un sermon doit-il constituer une référence en termes de morale ?

c. Comprendre l'intrigue. Chaque fable comporte un récit, des dialogues et une moralité. En vous aidant des temps verbaux que vous connaissez, délimitez ces trois parties de la fable.

	Temps verbaux	Quelle est la valeur de ces temps dans la progression de l'intrigue ?
Récit Nombre de vers ?	Imparfaits :	
	Plus-que-parfait :	
	Présents :	
	Passés simples :	
	Passé antérieur :	
Dialogue Nombre de vers ?	Présents :	
	Futurs :	
	Impératifs :	
	Conditionnel passé :	
Moralité Nombre de vers ?	Présent :	

d. La fable vient d'un verbe qui signifie « parler ». Dans cette fable, qui parle, et à qui ? Reliez chaque orateur à son destinataire, puis à la nature du discours effectué :

Le fabuliste •	• Le Bouc •	• La délibération puis le sermon
Le Bouc •	• Le lecteur •	• La louange
Le Renard •	• Le Renard •	• La moralité

3. L'art de la ruse

a. Pourquoi les deux compères descendent-ils dans le puits ?

b. Quel problème rencontrent-ils une fois qu'ils ont bu ?

c. Quelle est la « machine » (v. 14) que le Renard propose au Bouc ?

d. Au lieu de tenir sa promesse, que fait le Renard ? Pourquoi ?

e. À votre avis, le Renard avait-il déjà un plan quand il est descendu dans le puits ?

f. Trouvez deux adjectifs qui permettent de caractériser le Renard, et deux autres pour le Bouc.

4. Du « corps » à l'« âme » de la fable

a. La Fontaine décrit le récit et les dialogues comme le « corps » de sa fable, dont la moralité serait l'« âme ». En comparant le nombre de vers des premiers et de la seconde, justifiez cette distinction.

> Je chante les héros dont Ésope est le père,
> Troupe de qui l'histoire, encor que mensongère,
> Contient des vérités qui servent de leçons.
> Tout parle en mon ouvrage, et même les poissons :
> Ce qu'ils disent s'adresse à tous tant que nous sommes.
> Je me sers d'animaux pour instruire les hommes.

« À Monseigneur le Dauphin »,
dédicace au livre I des *Fables*, 1668.

b. La Fontaine dédicace ses fables à un enfant de sept ans, le fils du roi Louis XIV et de la reine Marie-Thérèse, pour parfaire son éducation. Des adultes très cultivés se plaisaient cependant, eux aussi, à écouter ces fables. Selon vous, comment des histoires mensongères peuvent-elles instruire des hommes et des femmes de tous les âges ?

c. Comment réussit-il à favoriser une identification du lecteur avec les animaux ?

d. Connaissez-vous d'autres récits fictifs, fabuleux, qui se servent d'animaux pour instruire les hommes ? Lesquels ?

Fiche élève 2 : Lire sans notes

« Le Loup et l'Agneau » (p. 14), « Le Loup, la Chèvre et le Chevreau – Le Loup, la Mère et l'Enfant » (p. 19)

1. Lire sans notes en diversifiant son vocabulaire

a. Reliez les termes suivants à leurs synonymes.
« Le Loup et l'Agneau » (p. 14)

« l'onde » (v. 4) •	• puni
« châtié » (v. 9) •	• l'eau
« tu médis » (v. 19) •	• tu as dit du mal, des mensonges

b. *« Le Loup, la Chèvre et le Chevreau – Le Loup, la Mère et l'Enfant »* (p. 19)

le « loquet » (v. 3) •	• il imite
une « enseigne » (v. 7) •	• le verrou
« de fortune » (v. 10) •	• il y meurt
« Il contrefait » (v. 15) •	• hypocrite, faussement pieux
« papelarde » (v. 16) •	• par hasard
« il y périt » (v. 32) •	• une marque, un signe, un signal
« attendait chape-chute » (v. 34) •	• le voleur
« provende » (v. 37) •	• des fourches à deux ou trois pointes
« le larron » (v. 38) •	• le gronde
« le gourmande » (v. 40) •	• provision
« sa chère géniture » (v. 44) •	• son cher enfant
« fourches-fières » (v. 52) •	• attendait une occasion, un hasard

c. La langue en liberté.

La poésie autorise quelques libertés, pour des raisons sonores et rythmiques. Corrigez les vers suivants :

– La conjugaison : « je me vas désaltérant » *(v. 13)*

....

– « Gardez-vous sur votre vie /
D'ouvrir que l'on ne vous die » *(v. 6)*

....

– L'ordre classique des mots :
« nous l'allons montrer tout à l'heure » *(v. 2)*

....

– « je sais que de moi tu médis l'an passé » *(v. 19)*

....

– « Le Biquet soupçonneux par la fente regarde » *(v. 19)*

....

d. Un langage populaire. Dans « Le Loup, la Chèvre et le Chevreau – Le Loup, la Mère et l'Enfant », on trouve un langage populaire, propre au XVIIe siècle. Reliez chaque expression avec sa traduction plus moderne.

« Foin du loup et de sa race ! » (v. 8) •	• Dieu m'en garde ! / Pour rien au monde !
« Merci de moi » (v. 56) •	• « Beau sire loup, n'écoutez pas une mère tançant son fils qui crie »
« Beaux chires Leups, n'écoutez mie Mère tenchent chen fieux qui crie » (v. 63-64) •	• Gare au loup et aux méchants !

2. Comprendre et comparer des histoires de loups

a. Dans « Le Loup et l'Agneau » (p. 14), l'Agneau choisit-il de tenir un discours rusé ou un discours de vérité, de sincérité ? Cette stratégie vous semble-t-elle payante ?

b. Dans « Le Loup, la Chèvre et le Chevreau » (p. 19), quelle est la ruse adoptée par le Loup ? Son jeu de rôle est-il efficace ? Le Loup parvient-il mieux à ses fins quand il avance à visage découvert, ou masqué ?

c. Dans « Le Loup, la Mère et l'Enfant » (p. 20), en quoi le loup est-il trompé par la mère ?

d. Toutes ces fables montrent finalement que les paroles ne coïncident pas forcément avec la vérité, et que leurs conséquences diffèrent. Remplissez le tableau ci-dessous pour récapituler les usages et les conséquences de la parole :

	La parole est-elle sincère, trompeuse, défensive et / ou menaçante ? (plusieurs réponses possibles à chaque fois)	Cette parole est-elle efficace ? Pourquoi ?
« Le Loup et l'Agneau »	L'Agneau : Le Loup :	
« Le Loup, la Chèvre et le Chevreau »	La Bique : Le Loup : Le Biquet :	
« Le Loup, la Mère et l'Enfant »	La mère : Le Loup :	

e. Après avoir rempli ce tableau, quel est le seul type de paroles qui semble toujours efficace ? Cela vous paraît-il lucide ou trop pessimiste sur les rapports de force qui opposent les bêtes douées de parole que sont les hommes ?

3. Une justice aléatoire

a. Qui est innocent, ou du moins de bonne foi, dans ces trois fables ? Combien comptez-vous de morts ?

b. Dans « Le Loup et l'Agneau » (p. 14), qui a raison ? Le Loup tient-il compte des bonnes raisons de l'Agneau ? Ainsi, « la raison du plus fort » est-elle vraiment raisonnable ?

c. Dans cette même fable, le Loup emporte l'Agneau « sans autre forme de procès » (v. 29). Si vous quittez l'univers imaginaire des animaux pour revenir au monde réel des hommes, ce type de situation injuste vous semble-t-il possible, malgré l'existence de lois ? Avez-vous déjà assisté à des situations où « la raison du plus fort » a été la meilleure ? Qu'avez-vous fait ?

d. Dans ces trois fables, le Loup joue-t-il toujours le mauvais rôle ? Quelle est, à chaque fois, sa principale motivation, ou plutôt le besoin vital qui le pousse à agir ainsi ? Dans « Le Loup, la Mère et l'Enfant » (p. 20), ne ressentez-vous pas une forme de pitié pour le Loup ? Pourquoi La Fontaine introduit-il des variations dans sa représentation des caractères ?

4. Expression écrite

À partir de la question 3.c., choisissez ou inventez une situation d'injustice qui vous révolte. Commencez par noter au brouillon les noms et les caractéristiques des personnages, ainsi que le cadre de leur rencontre (rural, urbain, domestique, etc.). Résumez ensuite en une phrase verbale en quoi consiste le rapport de force qui les oppose. Notez enfin trois arguments raisonnables que le plus faible présente au plus fort. Après avoir relu et amélioré votre brouillon, vous pouvez rédiger votre texte, en alternant le récit et les dialogues, qui débouchent sur une morale.

Fiche élève 3 : Diction et mémorisation

« Le Chat et un vieux Rat » (p. 24)

1. Lire à haute voix

Après avoir lu le texte et cherché dans le dictionnaire les mots que vous ne connaissiez pas, préparez la lecture à haute voix en répartissant les rôles entre plusieurs lecteurs : le fabuliste, Rodilard et le vieux routier. Vous pouvez aussi distribuer le récit du fabuliste à plusieurs lecteurs qui assument les passages de registres différents : la terreur que fait régner Rodilard (v. 1-17 ; v. 28-30), les passages de fête où les Souris le croient mort (v. 18-27 ; v. 35-44), puis la moralité (v. 50-53).

Pour vous aider :

- réfléchissez aux manières dont votre intonation peut exprimer l'épouvante, en mettant notamment en valeur les expressions qui désignent Rodilard : « l'Alexandre des chats, / L'Attila, le fléau des rats » (v. 2-3), « ce Chat exterminateur, / Vrai Cerbère » (v. 6-7). Faites-en sorte de varier la rapidité et la gravité de votre voix pour refléter la gradation du texte dans l'horreur et le carnage ;
- pour évoquer les ruses de Rodilard, infléchissez votre voix qui peut devenir plus sourde, plus lente, pour manifester le suspense et l'attente des animaux ;
- soulignez les vers qui correspondent à un coup de théâtre, par exemple « Le pendu ressuscite » (v. 29), et veillez à les mettre en valeur en les détachant par des pauses et en les déclamant avec une forte voix, pour exprimer la surprise ;

– imaginez aussi des intonations très différentes pour Rodilard (v. 31-34) et le vieux routier (v. 45-49) : le premier est un tueur en série, et le second un sage qui a appris de ses expériences ;
– enfin, n'oubliez pas que ce récit concerne un Chat et des Souris : la dimension comique, décalée, doit donc être soulignée avec malice, dès que possible.

2. La leçon de diction de Fabrice Luchini :

Vous pouvez retrouver cette vidéo en suivant ce lien : http://www.lepoint.fr/culture/petite-lecon-de-la-fontaine-avec-fabrice-luchini-23-07-2015-1950827_3.php ou en saisissant les mots-clés suivants sur un moteur de recherche : « Petite leçon de La Fontaine avec Fabrice Luchini. »

a. Regardez cette vidéo une première fois, sans le texte. Quelles sont vos impressions spontanées, après la première écoute ? Mettez des mots sur les sentiments qu'évoque en vous le jeu du comédien. Le trouvez-vous drôle, bizarre, artificiel, rapide, virtuose... ? Trouvez-vous que cette lecture aide à comprendre le texte et l'intrigue, ou du moins certains vers ?

b. Écoutez-la à nouveau : cette fois, prenez un crayon et annotez le texte en y inscrivant les inflexions de la voix, du débit et du ton de Luchini. Comment évolue sa voix ? Quand, sur quels mots monte-t-il dans les aigus ? À quel moment accélère-t-il ? Pourquoi crie-t-il parfois, avant de retrouver une voix plus sourde, comme s'il méditait à voix haute ?

c. Quelles phrases détache-t-il, par des pauses qui lui permettent de reprendre son souffle ? Quel intérêt narratif, descriptif ou poétique présentent les phrases qu'il met ainsi en valeur ?

Commentez par exemple « Un Rat sans plus s'abstient d'aller flairer autour » (v. 42).

3. La mémorisation

Apprenez par cœur votre partie de la fable. Une fois que vous la connaissez parfaitement, vous pouvez la jouer devant vos camarades. Rodilard, le vieux routier et quelques figurants (les Souris, le général des Chats) pourront également mimer les scènes de carnage, de ruse et de délibération.

Fiche élève 4 : En pratique

Des ruses de pères : amour filial, amour passionnel

« Le Lion amoureux » (p. 35),

« Le Laboureur et ses Enfants » (p. 39)

1. Lectures analytiques : les ruses des pères

A. *« Le Lion amoureux » (p. 35)*

a. À qui La Fontaine adresse-t-il sa fable ? Commentez les v. 12-14 : pourquoi, à l'époque, le détour fictif d'une fable convient-il mieux à une jeune fille qu'une déclaration d'amour directe ?

b. Au début, le Lion a « belle hure » (v. 24), c'est-à-dire une gueule mal peignée et mordante, avant de devenir comme « place démantelée » (v. 56) une fois qu'on lui a rogné ses dents et ses griffes. Résumez les motivations du Lion et du Père, et les différentes étapes de l'intrigue qui expliquent cette métamorphose.

c. Qu'est-ce qui l'emporte, dans cette fable : la raison du plus fort, ou du plus rusé ? Pourquoi le Lion, le roi des animaux, devient-il à la fois plus faible et plus humain au fil de la fable ?

B. *« Le Laboureur et ses Enfants » (p. 39)*

a. Que signifie le fond ? Et « le fonds » (v. 2) ?

b. « Faire l'Oût » (v. 10) signifie « faire la récolte, les moissons » : dans quel cadre cette expression situe-t-elle la fable ? Comment pourriez-vous qualifier le type de travail qu'elle désigne ?

c. En quoi le Laboureur est-il rusé ? Quel trésor, quel fonds les Enfants trouvent-ils finalement au fond du champ ?

d. La ruse est-elle toujours synonyme de sagesse ? Classez les fables que vous connaissez en trois catégories : celles où la ruse sert la tromperie, celles où la ruse sert la prudence, et celles où la ruse sert la sagesse.

2. « La raison du plus fort est toujours la meilleure »

a. Dans « Le Loup et l'Agneau » (p. 14), le fabuliste écrit que « La raison du plus fort est toujours la meilleure », et nous en offre un exemple que nous avons étudié dans la fiche élève 2. Pourtant, « Le Lion amoureux » et « Le Laboureur et ses Enfants » proposent des exemples qui contredisent cette morale puisque dans ces deux fables, les pères arrivent à leurs fins par la ruse, et non par la force. À votre avis, pourquoi La Fontaine alterne-t-il les exemples et les contre-exemples d'une même moralité ?

b. Dans d'autres fables, La Fontaine propose des moralités toutes différentes de celle du « Loup et l'Agneau » :
– dans « Le Lion et le Rat » : « Patience et longueur de temps / Font plus que force ni que rage » ;
– dans « Phébus et Borée » : « Plus fait douceur que violence ».
Connaissez-vous des situations qui offrent des exemples à ces moralités ?

c. D'une fable à l'autre, La Fontaine montre donc la grande diversité des situations possibles : un même rapport de force peut se conclure par la violence ou par la clémence, par le succès du plus fort ou du plus raisonnable. Dès lors, par quel adverbe pourriez-vous remplacer le « toujours » de « La raison du plus fort est toujours la meilleure » ?

d. L'ironie consiste à dire le contraire de ce que l'on pense, en feignant d'y adhérer avec une intonation qui montre que cette adhésion est simulée. Si quelqu'un s'exclame : « Il a vraiment du mérite, le Loup, de dévorer cet ennuyeux Agneau ! », c'est le ton de sa voix et le contexte qui permettent de déceler l'ironie. Écrivez une fable qui montre que le plus rusé l'emporte sur le plus fort, et concluez-la par « La raison du plus fort est toujours la meilleure ». Quand vous lirez cette moralité à haute voix, votre intonation sera ironique.

3. Grammaire

A. *Le fonctionnement du verbe*

a. Dans « Le Laboureur et ses Enfants » (p. 39), relevez tous les verbes conjugués et classez-les dans le tableau suivant :

Temps et Modes	Sujet du verbe	Nature du sujet (groupe nominal, pronom)	Justifiez la presence ou l'absence du sujet, puis sa place
Présents de l'Impératif			
Présents de l'Indicatif			
Futurs de l'Indicatif			
Passés composés de l'Indicatif			
Passés simples de l'Indicatif			

b. Parmi les verbes que vous avez relevés, lesquels correspondent à des temps simples ? Et à des temps composés ? De quoi sont composés les seconds ?

B. *Les auxiliaires être et avoir*

a. Quelle est la fonction d'« un trésor » dans « le travail est un trésor » (v. 18) ? Quelle est la fonction de « le champ » dans « les fils vous retournent le champ » (v. 13) ? « Le travail » et « le trésor » désignent-ils la même réalité ? Est-ce le cas aussi pour « les fils » et « le champ » ?

Rappel :

Définitions	La nature d'un mot est sa carte d'identité, la classe à laquelle il appartient : la nature d'un mot ne change pas, sauf cas exceptionnels.	La fonction d'un mot est le rôle qu'il occupe dans une phrase précise. Un mot de même nature peut donc remplir différentes fonctions, selon sa place et sa fonction dans la phrase.
Exemples	Verbe : Gagner, choisir, courir...	Sujet : Un Agneau boit. Un Loup approche doucement.
	Nom : un Agneau, une injustice, la faim...	Complément d'objet direct (COD) : Le Loup effraye l'Agneau. La forêt cache le Loup.
	Pronom personnel (sujet) : je, tu, il/elle, nous, vous, ils/elles. Pronom personnel (COD) : me, te, le/la/se, nous, vous, les.	Sujet : Il mange l'Agneau. COD : Le Loup l'emporte, et puis le mange.
	Adjectif : méchant, injuste, blanc...	Attribut du sujet (après les verbes d'état) : Le Loup est injuste. L'Agneau paraît épouvanté.
	Article défini : le, la, les Article indéfini : un, une, des	Le Loup survient. Un Agneau se désaltérait.
Remarque	*Le* et *la* peuvent être des articles ou des pronoms personnels.	

b. *Être* suivi d'un participe passé.

– « Un trésor est caché dedans » (v. 7) : justifiez la terminaison du participe passé.

– Transformez la phrase en mettant le sujet au pluriel.

– Remplacez « un trésor » par « une surprise » puis « des surprises ».

c. Dans « Le Lion amoureux » (p. 35), trouvez deux attributs du sujet qui appartiennent à deux classes grammaticales différentes.

d. « Le Lion consent à cela / Tant son âme était aveuglée » (v. 53-54) : remplacez « son âme » par « son cœur » puis par « ses yeux ».

Fiche élève 5 : Pour aller plus loin

Prolongements artistiques et citoyens

« Les Animaux malades de la peste » (p. 41),

« La Cigale et la Fourmi » (p. 9)

1. Les fables en images

a. Travail en groupe : apprendre à préparer une affiche ou une présentation numérique et la commenter.

– Chez vous, sur Internet ou à la bibliothèque, trouvez des illustrations des fables de La Fontaine (par exemple celles de Gustave Doré, en 1868, ou de Benjamin Rabier au XXe siècle).

– Par groupes de deux ou trois, préparez une affiche ou une présentation numérique qui compare, pour une même fable, le texte original et deux illustrations. Décrivez l'image, les différents plans et les couleurs, pour commenter les choix des artistes. Quel(s) sentiment(s) cherchent-ils à créer chez le spectateur ? Précisez quel(s) moment(s) de la fable ils représentent, et pourquoi. Demandez-vous ce que l'image ajoute, ou limite, dans la compréhension du texte.

b. Rédaction. Choisissez l'illustration d'une fable que vous ne connaissez pas, par exemple « Le Loup et les Brebis » de Gustave Doré, et écrivez la fable que vous inspire la scène représentée. L'intrigue devra tourner autour d'un jeu de ruses, de masques et de mensonges. Comme La Fontaine, vous alternerez des passages de récit, de dialogues et vous placerez une moralité au début ou à la fin de la fable. Dans le récit, vous utiliserez surtout des temps du passé (imparfait et passé composé par exemple) et dans les dialogues, le présent et le futur. Votre moralité sera formulée au présent de vérité générale.

2. Les fables en scène : la Comédie-Française

Regardez sur Internet la mise en scène de la fable « Les Animaux malades de la peste » (p. 41), par Bob Wilson, à la Comédie-Française en 2004 (chercher « Bob Wilson – Les Animaux malades de la peste » sur Google ou YouTube).

A. *Comprendre les enjeux de la fable*

a. Pourquoi les animaux cherchent-ils un coupable, un responsable au mal qui les frappe ? Comment le Lion justifie-t-il la nécessité d'offrir un sacrifice aux dieux ?

b. Que confessent les animaux, les uns à la suite des autres ?

c. Quel animal est le plus flatteur, le plus rusé ? Pourquoi ?

d. Dévorer des moutons, le Berger ou l'herbe des moines : lequel de ces crimes vous paraît-il le plus grave ? Pourtant, qui est puni ? Pourquoi ?

e. Connaissez-vous d'autres situations où un groupe s'acharne sur un bouc-émissaire ?

B. *Comprendre l'intérêt de la mise en scène*

a. Quels sont les éléments visuels et sonores qu'une mise en scène théâtrale peut ajouter au texte de la fable ?

b. Que pensez-vous des costumes, des masques et des gestes des comédiens ? Qui n'en porte pas ? Pourquoi ?

c. Qu'entendez-vous tout au long de cette fable ? Quels sont les effets créés sur le spectateur, les émotions que cet environnement sonore fait naître en vous ?

3. Les fables engagées

A. *Débat préparatoire*

Comprenez-vous ce que signifie « être engagé » ? Dans la vie du collège, à la télévision et dans l'Histoire, connaissez-vous des personnes qui se sont engagées au service des autres, pour défendre une cause ou un idéal ? Quelles sont en général leurs motivations ? Depuis le début des cours consacrés aux fables, trouvez-vous qu'elles manifestent un engagement en vue d'améliorer la vie en commun ? Pourquoi ?

B. *Une campagne de sensibilisation*

Lisez la publicité anti-tabac intitulée « La cigale, le tabac et la fourmi », dessinée par Delestre pour la Ligue nationale contre le cancer, en 1991.

a. Lire une bande dessinée :
- commentez les vêtements de la cigale : quelle impression donnent-ils ? À quelle époque transposent-ils la fable de La Fontaine ? Pourquoi ?
- comment les différences de modes de vie et de caractères de la Cigale et de la Fourmi sont-elles montrées visuellement ?
- trouvez-vous que ces détails visuels ajoutent, ou retirent de l'intérêt à la fable ?

b. Le jeu des 7 erreurs. Relevez toutes les différences entre le texte de La Fontaine et celui qui se trouve dans les bulles. Classez les mots qui diffèrent en deux catégories : les termes neutres et les termes familiers, qui appartiennent à un langage oral.

c. Le message citoyen. Reformulez la morale de cette réécriture. De quoi cherche-t-elle à nous persuader ?

4. À vos plumes, citoyens !

Par petits groupes, réfléchissez à une cause qui vous tient à cœur : elle peut concerner votre vie en classe, vos relations familiales, votre vie de quartier, etc. Après avoir choisi une cause qui vous paraît importante pour la vie en collectivité, imaginez des animaux et une intrigue qui illustrent la morale que vous cherchez à défendre.

Une fois que votre fable sera écrite, jouez-la devant vos camarades en incarnant chacun un animal !

POUR ALLER PLUS LOIN

Pour prolonger la réflexion sur la ruse et les fables, nous vous proposons de lire une ou plusieurs fables parmi celles qui suivent. Certaines sont plus difficiles à comprendre : c'est l'occasion de vous exercer à la **compréhension globale** du texte. Vous pouvez les lire en essayant de reconstituer le sens malgré le vocabulaire qui vous manquera. Vous verrez qu'une compréhension ligne à ligne n'est pas forcément indispensable pour saisir le sens d'un texte, et qu'il ne faut pas rester « bloqué » sur un terme inconnu – le contexte vous aidera à deviner le sens de tel ou tel mot.

Lisez attentivement chaque fable deux fois, et essayez de résumer ce qui s'y passe dans les grandes lignes : quelle est la situation ? Que veulent les personnages ? Y a-t-il un conflit ? Que font les personnages pour parvenir à leurs fins ? Est-ce efficace ? Vous avez pris connaissance de ce qu'on appelle le « schéma actanciel » : essayez de résumer ce qui se passe en identifiant qui est le héros, quel est l'objet de sa quête, quels sont les opposants et les adjuvants.

Pour vous aider, vous pouvez chercher la morale, ce qui sera parfois facilité par la mise en page : à quel endroit du texte est-elle située ? Pouvez-vous l'isoler du reste ? Comment la comprenez-vous ? Vous pouvez la reformuler avec des mots qui vous sont familiers, chercher une expression ou un proverbe qui signifierait la même chose. Si elle se trouve au début du texte, est-ce qu'elle vous met la puce à l'oreille ? À la fin du texte, permet-elle d'éclairer ce qui s'est passé ? Relisez-vous la fable différemment quand vous avez pris connaissance du dénouement ?

Vous pouvez choisir une fable et la réécrire en utilisant votre vocabulaire, éventuellement en choisissant d'autres personnages, mais en conservant la situation décrite.

LE LIÈVRE ET LA TORTUE

Rien ne sert de courir; il faut partir à point.
Le Lièvre et la Tortue en sont un témoignage.
Gageons, dit celle-ci, que vous n'atteindrez point
Sitôt que moi ce but. – Sitôt? Êtes-vous sage?
Repartit l'animal léger.
Ma commère, il vous faut purger
Avec quatre grains d'ellébore.
— Sage ou non, je parie encore.
Ainsi fut fait : et de tous deux
On mit près du but les enjeux :
Savoir quoi, ce n'est pas l'affaire,
Ni de quel juge l'on convint.
Notre Lièvre n'avait que quatre pas à faire;
J'entends de ceux qu'il fait lorsque prêt d'être atteint,
Il s'éloigne des chiens, les renvoie aux Calendes,
Et leur fait arpenter les landes.
Ayant, dis-je, du temps de reste pour brouter,
Pour dormir, et pour écouter
D'où vient le vent; il laisse la Tortue
Aller son train de Sénateur.
Elle part, elle s'évertue;
Elle se hâte avec lenteur.
Lui cependant méprise une telle victoire,
Tient la gageure à peu de gloire;
Croit qu'il y va de son honneur
De partir tard. Il broute, il se repose,

Il s'amuse à toute autre chose
Qu'à la gageure. À la fin quand il vit
Que l'autre touchait presque au bout de la carrière;
Il partit comme un trait; mais les élans qu'il fit
Furent vains; la Tortue arriva la première.
Eh bien! lui cria-t-elle, avais-je pas raison?
De quoi vous sert votre vitesse?
Moi l'emporter! et que serait-ce
Si vous portiez une maison?

Livre VI, 10

LE CERF SE VOYANT DANS L'EAU

Dans le cristal d'une fontaine
Un Cerf se mirant autrefois,
Louait la beauté de son bois,
Et ne pouvait qu'avecque peine
Souffrir ses jambes de fuseaux,
Dont il voyait l'objet se perdre dans les eaux.
Quelle proportion de mes pieds à ma tête!
Disait-il en voyant leur ombre avec douleur :
Des taillis les plus hauts mon front atteint le faîte;
Mes pieds ne me font point d'honneur.
Tout en parlant de la sorte,
Un Limier le fait partir;
Il tâche à se garantir;
Dans les forêts il s'emporte.
Son bois, dommageable ornement,
L'arrêtant à chaque moment,
Nuit à l'office que lui rendent
Ses pieds, de qui ses jours dépendent.
Il se dédit alors, et maudit les présents
Que le Ciel lui fait tous les ans.

Nous faisons cas du beau, nous méprisons l'utile;
Et le beau souvent nous détruit.
Ce Cerf blâme ses pieds qui le rendent agile :
Il estime un bois qui lui nuit.

Livre VI, 9

LES DEUX COQS

Deux Coqs vivaient en paix : une Poule survint,
Et voilà la guerre allumée.
Amour, tu perdis Troie; et c'est de toi que vint
Cette querelle envenimée,
Où du sang des Dieux même on vit le Xanthe teint.
Longtemps entre nos Coqs le combat se maintint :
Le bruit s'en répandit par tout le voisinage.
La gent qui porte crête au spectacle accourut.
Plus d'une Hélène au beau plumage
Fut le prix du vainqueur; le vaincu disparut.
Il alla se cacher au fond de sa retraite,
Pleura sa gloire et ses amours,
Ses amours qu'un rival tout fier de sa défaite
Possédait à ses yeux. Il voyait tous les jours
Cet objet rallumer sa haine et son courage.
Il aiguisait son bec, battait l'air et ses flancs,
Et s'exerçant contre les vents
S'armait d'une jalouse rage.
Il n'en eut pas besoin. Son vainqueur sur les toits
S'alla percher, et chanter sa victoire.
Un Vautour entendit sa voix :
Adieu les amours et la gloire.
Tout cet orgueil périt sous l'ongle du Vautour.
Enfin par un fatal retour
Son rival autour de la Poule
S'en revint faire le coquet :

Je laisse à penser quel caquet,
Car il eut des femmes en foule.
La Fortune se plaît à faire de ces coups ;
Tout vainqueur insolent à sa perte travaille.
Défions-nous du sort, et prenons garde à nous
Après le gain d'une bataille.

Livre VII, 12

LE RAT ET L'HUÎTRE

Un Rat hôte d'un champ, Rat de peu de cervelle,
Des Lares paternels un jour se trouva sou.
Il laisse là le champ, le grain, et la javelle,
Va courir le pays, abandonne son trou.
Sitôt qu'il fut hors de la case,
Que le monde, dit-il, est grand et spacieux!
Voilà les Apennins, et voici le Caucase :
La moindre taupinée était mont à ses yeux.
Au bout de quelques jours le voyageur arrive
En un certain canton où Thétys sur la rive
Avait laissé mainte Huître; et notre Rat d'abord
Crut voir en les voyant des vaisseaux de haut bord.
Certes, dit-il, mon père était un pauvre sire :
Il n'osait voyager, craintif au dernier point :
Pour moi, j'ai déjà vu le maritime empire :
J'ai passé les déserts, mais nous n'y bûmes point.
D'un certain magister le Rat tenait ces choses,
Et les disait à travers champs;
N'étant pas de ces Rats qui les livres rongeant
Se font savants jusques aux dents.
Parmi tant d'Huîtres toutes closes,
Une s'était ouverte, et bâillant au Soleil,
Par un doux Zéphir réjouie,
Humait l'air, respirait, était épanouie,
Blanche, grasse, et d'un goût, à la voir, nonpareil.
D'aussi loin que le Rat voit cette Huître qui bâille :

Qu'aperçois-je ? dit-il, c'est quelque victuaille ;
Et si je ne me trompe à la couleur du mets,
Je dois faire aujourd'hui bonne chère, ou jamais.
Là-dessus maître Rat plein de belle espérance,
Approche de l'écaille, allonge un peu le cou,
Se sent pris comme aux lacs ; car l'Huître tout d'un coup
Se referme, et voilà ce que fait l'ignorance.

Cette Fable contient plus d'un enseignement.
Nous y voyons premièrement :
Que ceux qui n'ont du monde aucune expérience
Sont aux moindres objets frappés d'étonnement :
Et puis nous y pouvons apprendre
Que tel est pris qui croyait prendre.

Livre VIII, 9

LE COCHET, LE CHAT ET LE SOURICEAU

Un Souriceau tout jeune, et qui n'avait rien vu,
Fut presque pris au dépourvu.
Voici comme il conta l'aventure à sa mère :
J'avais franchi les Monts qui bornent cet État;
Et trottais comme un jeune Rat
Qui cherche à se donner carrière,
Lorsque deux animaux m'ont arrêté les yeux :
L'un doux, bénin et gracieux,
Et l'autre turbulent, et plein d'inquiétude.
Il a la voix perçante et rude,
Sur la tête un morceau de chair,
Une sorte de bras dont il s'élève en l'air,
Comme pour prendre sa volée,
La queue en panache étalée.
Or c'était un Cochet dont notre Souriceau
Fit à sa mère le tableau,
Comme d'un animal venu de l'Amérique.
Il se battait, dit-il, les flancs avec ses bras,
Faisant tel bruit et tel fracas,
Que moi, qui grâce aux Dieux, de courage me pique,
En ai pris la fuite de peur,
Le maudissant de très bon cœur.
Sans lui j'aurais fait connaissance
Avec cet animal qui m'a semblé si doux.

Il est velouté comme nous,
Marqueté, longue queue, une humble contenance;
Un modeste regard, et pourtant l'œil luisant :
Je le crois fort sympathisant
Avec Messieurs les Rats; car il a des oreilles
En figure aux nôtres pareilles.
Je l'allais aborder; quand d'un son plein d'éclat
L'autre m'a fait prendre la fuite.
— Mon fils, dit la Souris, ce doucet est un Chat,
Qui sous son minois hypocrite
Contre toute ta parenté
D'un malin vouloir est porté.
L'autre animal tout au contraire,
Bien éloigné de nous mal faire,
Servira quelque jour peut-être à nos repas.
Quant au Chat; c'est sur nous qu'il fonde sa cuisine.
Garde-toi, tant que tu vivras,
De juger des gens sur la mine.

Livre VI, 5

LES OREILLES DU LIÈVRE

Un animal cornu blessa de quelques coups
Le Lion, qui plein de courroux,
Pour ne plus tomber en la peine,
Bannit des lieux de son domaine
Toute bête portant des cornes à son front.
Chèvres, Béliers, Taureaux aussitôt délogèrent,
Daims, et Cerfs de climat changèrent ;
Chacun à s'en aller fut prompt.
Un Lièvre apercevant l'ombre de ses oreilles,
Craignit que quelque Inquisiteur
N'allât interpréter à cornes leur longueur,
Ne les soutînt en tout à des cornes pareilles.
Adieu, voisin Grillon, dit-il, je pars d'ici ;
Mes oreilles enfin seraient cornes aussi ;
Et quand je les aurais plus courtes qu'une Autruche,
Je craindrais même encor. Le Grillon repartit :
Cornes cela ? Vous me prenez pour cruche ;
Ce sont oreilles que Dieu fit.
— On les fera passer pour cornes,
Dit l'animal craintif, et cornes de Licornes.
J'aurai beau protester ; mon dire et mes raisons
Iront aux Petites-Maisons.

Livre V, 4

LE SINGE ET LE DAUPHIN

C'était chez les Grecs un usage,
Que sur la mer tous voyageurs
Menaient avec eux en voyage
Singes et Chiens de Bateleurs.
Un Navire en cet équipage
Non loin d'Athènes fit naufrage.
Sans les Dauphins tout eût péri.
Cet animal est fort ami
De notre espèce : en son Histoire
Pline le dit, il le faut croire.
Il sauva donc tout ce qu'il put.
Même un Singe en cette occurrence,
Profitant de la ressemblance,
Lui pensa devoir son salut.
Un Dauphin le prit pour un homme,
Et sur son dos le fit asseoir,
Si gravement qu'on eût cru voir
Ce chanteur que tant on renomme.
Le Dauphin l'allait mettre à bord;
Quand par hasard il lui demande :
Êtes-vous d'Athènes la grande?
— Oui, dit l'autre, on m'y connaît fort,
S'il vous y survient quelque affaire
Employez-moi; car mes parents
Y tiennent tous les premiers rangs;
Un mien cousin est Juge-Maire.

Le Dauphin dit : Bien grand merci :
Et le Pirée a part aussi
A l'honneur de votre présence ?
Vous le voyez souvent ? je pense.
— Tous les jours : il est mon ami,
C'est une vieille connaissance.
Notre Magot prit pour ce coup
Le nom d'un port pour un nom d'homme.
De telles gens il est beaucoup,
Qui prendraient Vaugirard pour Rome ;
Et qui, caquetants au plus dru,
Parlent de tout et n'ont rien vu.
Le Dauphin rit, tourne la tête,
Et le Magot considéré
Il s'aperçoit qu'il n'a tiré
Du fond des eaux rien qu'une bête.
Il l'y replonge, et va trouver
Quelque homme afin de le sauver.

Livre IV, 7

LE LION MALADE ET LE RENARD

De par le Roi des Animaux,
Qui dans son antre était malade,
Fut fait savoir à ses vassaux
Que chaque espèce en ambassade
Envoyât gens le visiter,
Sous promesse de bien traiter
Les Députés, eux et leur suite,
Foi de Lion très bien écrite.
Bon passe-port contre la dent;
Contre la griffe tout autant.
L'Édit du Prince s'exécute.
De chaque espèce on lui députe.
Les Renards gardant la maison,
Un d'eux en dit cette raison.
Les pas empreints sur la poussière
Par ceux qui s'en vont faire au malade leur cour,
Tous, sans exception, regardent sa tanière,
Pas un ne marque de retour.
Cela nous met en méfiance.
Que sa Majesté nous dispense.
Grand merci de son passe-port.
Je le crois bon; mais dans cet antre
Je vois fort bien comme l'on entre,
Et ne vois pas comme on en sort.

Livre VI, 15

L'HOMME ET LA PUCE

Par des vœux importuns nous fatiguons les Dieux :
Souvent pour des sujets même indignes des hommes.
Il semble que le Ciel sur tous tant que nous sommes
Soit obligé d'avoir incessamment les yeux,
Et que le plus petit de la race mortelle,
À chaque pas qu'il fait, à chaque bagatelle,
Doive intriguer l'Olympe et tous ses citoyens,
Comme s'il s'agissait des Grecs et des Troyens.
Un Sot par une puce eut l'épaule mordue.
Dans les plis de ses draps elle alla se loger,
Hercule, ce dit-il, tu devais bien purger
La terre de cette Hydre au Printemps revenue.
Que fais-tu, Jupiter, que du haut de la nue
Tu n'en perdes la race afin de me venger?
Pour tuer une puce il voulait obliger
Ces Dieux à lui prêter leur foudre et leur massue.

Livre VIII, 5

LEXIQUE

L'Achéron : le fleuve des Enfers.

Affiner : rendre plus fins des nigauds, par une ruse dont ils font les frais.

La déconfiture : la déroute, la faillite, l'échec.

Dindenaut : personnage de Rabelais qui loue et vend ses moutons.

Le fretin : un objet de peu de valeur.

Le galand : le fripon, le rusé, l'homme habile.

La gent : la nation.

Infus avec la vie : inné.

Un larcin : un vol.

Une machine : une ruse.

Martin ou Martin bâton : ce nom propre désigne les coups de bâton.

Mitis : signifie « doux » en latin, et désigne le Chat dans « Le Chat et un vieux Rat ».

Phénix : oiseau fabuleux au magnifique plumage, qui renaît de ses cendres.

Le rôt : le rôti.

Un routier : une personne prudente et expérimentée.

Le sabbat : désigne par extension un grand vacarme qu'on imagine propre au sabbat.

Tenir chapitre : se réunir en assemblée pour délibérer, par exemple dans le cas des moines.

La vertu : le courage, la force, la noblesse.

Vivre de pair à compagnon : d'égal à d'égal.

Achevé d'imprimer en Italie par Grafica Veneta
en juillet 2019
Dépôt légal juin 2017
EAN 9782290146132
OTP L21ELLN000807A002

—

Conception des principes de mise en page :
Jean-Noël LECLERE

—

Composition : Jean-Noël LECLERE

—

ÉDITIONS J'AI LU
87, quai Panhard-et-Levassor, 75013 Paris
Diffusion France et étranger : Flammarion

Librio
1219